REMARQUES
D'APRÈS DES NOTES INÉDITES
AU SUJET DE
L'ÉTUDE HISTORIQUE
SUR
Mgr GUILLAUME LE BOUX

évêque de Périgueux et Prédicateur ordinaire de Louis XIV,
par l'abbé E. Riboulet.

A. DUJARRIC-DESCOMBES,

Licencié en droit, notaire au Grand-Brassac, membre de l'Académie des
Poètes, membre de la Société historique et archéologique
du Périgord.

PÉRIGUEUX,
IMPRIMERIE DUPONT ET Cie, RUES TAILLEFER ET AUBERGERIE
1875.

REMARQUES

D'APRÈS DES NOTES INÉDITES

AU SUJET DE

L'ÉTUDE HISTORIQUE

SUR

Mgr GUILLAUME LE BOUX

évêque de Périgueux et Prédicateur ordinaire de Louis XIV,
par l'abbé E. RIBOULET.

PAR

A. DUJARRIC-DESCOMBES,

Licencié en droit, notaire au Grand-Brassac, membre de l'Académie des
Poètes, membre de la Société historique et archéologique
du Périgord.

PÉRIGUEUX,

IMPRIMERIE DUPONT ET Ce, RUES TAILLEFER ET AUBERGERIE.

1875.

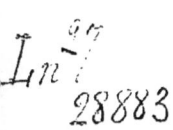

REMARQUES

D'APRÈS DES NOTES INÉDITES

AU SUJET DE

L'ÉTUDE HISTORIQUE

SUR

MGR GUILLAUME LE BOUX,

évêque de Périgueux et prédicateur ordinaire de Louis XIV,
par l'abbé E. RIBOULET (1).

M. l'abbé Riboulet, vicaire de la cathédrale de Saint-Front et l'un des secrétaires de la société historique et archéologique du Périgord, vient de livrer à la publicité le fruit de longues et consciencieuses recherches sur la vie et l'épiscopat de Guillaume Le Boux, évêque de Périgueux dans la seconde moitié du XVIIe siècle. C'est assurément l'une des études historiques les plus recommandables par le style qui aient paru depuis longtemps parmi nous. Elle est dédiée au dernier successeur de Le Boux, à Mgr Dabert, évêque de Périgueux et

---

(1) Périgueux, 1875, Dupont et Cie, in-8° de 63 pages, avec un portrait de Mgr Le Boux, lithographié par M. Dupuy, d'après la gravure de Landry, et portant les armes de l'évêque : *D'argent à un chevron d'azur, accompagné en chef de deux hures de sanglier arrachées, de sable et en pointe, d'une tête de limier de gueules accolée d'argent.*

de Sarlat, président d'honneur de la société historique et archéologique du Périgord : nous applaudissons sincèrement au choix que M. l'abbé Riboulet a fait en plaçant son ouvrage sous la protection d'un prélat aussi éclairé et aussi ami des lettres périgourdines.

Nous nous proposons d'examiner ici cette savante étude sur Mgr Le Boux, et d'en rendre un compte fidèle à nos lecteurs : nous le ferons avec d'autant plus d'empressement et de plaisir, qu'elle émane de la plume d'un jeune prêtre, dont nous avons pu maintes fois, pendant notre séjour à Périgueux, apprécier l'esprit et le cœur.

Nous suivrons l'auteur depuis la première page de son récit, mais nous parlerons plus spécialement de l'évêque de Périgueux, ce qui nous touche davantage, que de l'oratorien, du prédicateur et de l'évêque de Dax. Nous tâcherons, s'il est possible, d'apporter quelques renseignements nouveaux, quelques notes inédites recueillies par nous-même sur Mgr Le Boux, si connu de ses contemporains, trop oublié aujourd'hui ; et, tout en rendant pleine justice au talent de son pieux biographe, nous verrons qu'il y a encore quelque chose à dire sur ce saint personnage, quelque coup de pinceau à ajouter peut-être à cette figure épiscopale, pourtant si bien tracée. Loin de nous la prétention de vouloir refaire une histoire de Mgr Le Boux : nous voulons seulement la compléter en certains endroits et développer certains faits que M. l'abbé Riboulet a cru devoir laisser dans l'ombre.

Ce que l'on doit remarquer tout d'abord dans la vie de ce prélat-orateur, c'est qu'il ne dut son élévation qu'à son seul mérite. L'éclat d'une noble naissance, recommandation la plus commune sous Louis XIV, fut suppléé chez lui par l'éclat de son éloquence.

Guillaume Le Boux naquit à Saint-Maurice-de-Souzaï, en Anjou, près de Saumur, le 30 juin 1621. Il appartenait à une famille obscure et pauvre. Son père était patron de barques ; il dut laisser les filets du pêcheur pour entrer comme balayeur des classes au collége des Pères de l'Oratoire de Saumur, dont il sut bientôt captiver l'attention. « On remarqua, dit M. l'abbé Riboulet (1), ses manières affables, sa piété douce, les saillies de son esprit, la vivacité de son intelligence et un si vif désir de s'instruire, qu'il n'était pas rare de le rencontrer parfois prêtant furtivement l'oreille à la porte des classes : trop heureux quand il pouvait entendre la parole du maître et comme recueillir quelques-unes des miettes tombées de la table de la science, où d'autres plus heureux que lui venaient s'asseoir. »

Ses goûts pour l'étude et surtout son talent naturel pour l'art de la parole engagèrent ses régents à lui conseiller d'entrer dans leur congrégation. Après avoir suivi à Paris les leçons du célèbre P. Sénault, il professa lui-même la rhétorique dans plusieurs villes : mais le succès qu'il avait obtenu à l'âge de 22 ans, en prononçant l'oraison funèbre de Louis XIII, avait fixé sa destinée. Ordonné prêtre en 1645 par l'évêque d'Angers, il quitta définitivement l'enseignement pour la chaire, et nous le voyons dès lors donner un libre cours à son éloquence naissante.

Paris, comme la province, accorda son suffrage au jeune prédicateur de l'Oratoire. Il y fut si goûté que M. de Harlay, alors archevêque de Rouen, l'engagea à prêcher un avent et un carême dans sa cathédrale. L'année suivante, il prêcha devant le roi et fut fort applaudi. Moréri raconte qu'étant à Saumur, à l'ouverture d'un jubilé, il y fit un sermon sur les indulgences si solide et si plein de force, qu'un député des

(1) I, page 5.

ministres protestants, qui avait été envoyé pour l'entendre, s'en retourna convaincu que les indulgences étaient en lui fondées sur l'Ecriture, et le récit que ce député fit du sermon au ministre même de Saumur entraîna aussi celui-ci dans la même conviction.

Pendant la Fronde, Le Boux prêcha avec zèle à Paris, sur l'obéissance qui est due au roi, et ses discours ne furent pas inutiles. Quelques ennemis le firent exiler en province, où son talent brilla du plus vif éclat, lorsque, dans la cathédrale de Rouen, devant le clergé et le parlement de Normandie, il prononça l'oraison funèbre de l'archevêque François de Harlay. La reine mère dut enfin lever l'interdiction qui pesait sur lui : elle permit non-seulement à Le Boux de rentrer à Paris, mais encore l'invita à prêcher devant elle.

Le Boux débuta à la cour le jour de la Pentecôte 1654, et, malgré les cabales de quelques médiocrités envieuses, son succès fut complet. Sa réputation d'orateur fut désormais fondée, et l'on n'a plus dès lors qu'à enregistrer ses triomphes, dont la *Muse historique* du poète Loret consigne fidèlement les dates dans ses lettres en vers à Mlle de Longueville. Son beau talent, rehaussé par la distinction de sa personne, charmait l'auditoire de la cour et lui gagnait tous les suffrages : sa parole simple, naturelle, facile, semblait couler de ses lèvres ; à 35 ans, il était devenu l'un des représentants les plus brillants de la chaire chrétienne à cette époque. Les écrivains contemporains nous fournissent les témoignages les plus sincères de l'admiration générale. « C'est, dit un manuscrit (1), un des plus excellents et éloquents prédicateurs de tout Paris, et qui débite ses pensées avec une si bonne grâce et admirable facilité, qu'il en est fort estimé ; on croit qu'il aura bientost un evesché. »

(1) *Journal d'un voyage à Paris en 1657 1658*, page 96. Manuscrit à la Bibliothèque nationale.

Le Boux était depuis un an prédicateur du roi, lorsqu'il fut, en effet, en 1658, appelé à l'évêché de Dax, qu'il posséda pendant dix ans, et durant ce temps-là il prêcha à Bordeaux et ailleurs, toujours avec le même bonheur. En 1665, il fut nommé à l'évêché de Macon, mais il n'en prit pas possession, et le roi lui donna celui de Périgueux en 1667.

II

Laissons ici la parole à M. l'abbé Riboulet : « Mgr Guillaume Le Boux fit son entrée solennelle à Périgueux le 24 mai 1667. Le maire et les consuls, vêtus de leurs habits de satin rouge et noir, le reçurent à la porte Taillefer, où il promit, la main sur le missel, de demeurer toujours dans l'obéissance due au roi, de conserver les priviléges et franchises de la cité, d'empêcher les maux et oppressions des habitants, et de leur procurer toutes sortes d'avantages et de biens autant qu'il dépendrait de lui. Après ce serment, prêté en présence de tout le peuple, il continua sa marche, au milieu du bruit des cloches et des acclamations. La milice, en armes, et le clergé l'escortaient. Ainsi accompagné, il arriva devant Saint-Front, où les chanoines de la collégiale, rangés sous le porche, lui souhaitèrent la bienvenue. Ayant ensuite frappé par trois fois avec sa crosse les portes, qui s'ouvrirent, le nouvel évêque prit possession de son siége, donna le baiser de paix aux membres du chapitre, et vint prier sur le tombeau de l'apôtre dont il devait, en quelque sorte, faire revivre les vertus. » (1)

Son épiscopat dura 26 ans. Il continua l'œuvre de restauration générale entreprise par ses prédécesseurs au siége de Saint-Front. Mgr de La Béraudière, le plus grand de nos évêques périgourdins, avait mérité, par ses admirables travaux, le titre de restaurateur du diocèse après l'invasion

---

(1) VIII, page 27.

protestante ; Philibert de Brandon, Cyrus de Villers et Le Boux n'eurent qu'à marcher sur ses traces glorieuses.

L'établissement des conférences et des retraites spirituelles pour le clergé, la réformation du séminaire, la réimpression des livres liturgiques, l'établissement de l'adoration perpétuelle furent de sages institutions, qui portèrent d'excellents fruits. Mais l'un des faits principaux du règne de Le Boux, fut le transfert de l'église cathédrale de la Cité à la collégiale de Saint-Front, et l'union des deux chapitres.

On avait travaillé pendant près d'un siècle à cette translation et à cette union. Le motif qui les faisait désirer était que l'église de la Cité, malgré ses réparations, n'était plus convenable à la dignité épiscopale, et que les chanoines ne pouvaient plus se loger à la Cité, où il n'y avait que des ruines. Il fut alors réglé, par une transaction, que le siége cathédral et le chapitre seraient transférés dans l'église de Saint-Front, pour ne faire qu'un même corps, sous le nom de Saint-Etienne, premier martyr, et Saint-Front, premier évêque, avec les mêmes droits, les mêmes immunités et les mêmes priviléges dont on avait joui dans les deux églises. L'église de la Cité devint église paroissiale, et la dignité d'abbé fut supprimée dans l'église de Saint-Front, devenue épiscopale (janvier 1669).

Ce fut sous l'administration de Mgr Le Boux qu'eut lieu la révocation de l'édit de Nantes. Bergerac était le foyer du protestantisme en Périgord : il visita plusieurs fois cette ville, y établit les dames de la Foi, qui s'occupèrent de l'éducation des filles et de la direction des nouvelles catholiques. Une mission y fut prêchée par les oratoriens, sous la conduite du P. Bachelerie (1). Dans toute la province, les délégués de l'évêque recueillirent de nombreuses conversions au catholicisme.

(1) Parmi les ouvriers de cette mission, nous trouvons deux Périgourdins :

Le P. Rubens, né à Vézac, en Sarladais, théologal de l'église de

Nous publions, à la suite de cette revue bibliographique, un acte notarié inédit constatant l'abjuration du calvinisme par les seigneurs de Lisle et de Saint-Just. Cette pièce authentique mérite d'être conservée par l'histoire : car elle nous édifie sur la manière dont s'accomplissaient ces solennelles abjurations, véritab'es contrats, qui n'ont jamais été rompus.

Mgr Le Boux se montra très zélé pour établir la discipline parmi ses prêtres; mais, s'il ne négligea pas les moyens spirituels pour relever son diocèse, il accorda peu d'attention aux monuments. Les manuscrits de la Visitation nous ont conservé le souvenir de cette découverte faite dans l'enclos des arènes de plusieurs statues romaines, admirablement sculptées, qui furent toutes brisées par son ordre.

Il avait reçu du roi la somme de 10,000 livres pour le rétablissement du palais épiscopal de la Cité, et 14,000 sur l'hérédité de Mgr Cyrus de Villers, son prédécesseur immédiat, pour faire les réparations nécessaires au Château-l'Evêque, à autre château de la Cité et aux églises du diocèse. Il fit démolir une tour du Château-l'Evêque, qui faisait l'ornement de cette ancienne résidence de nos évêques, et pour la reconstruction de laquelle il eût fallu de grandes sommes d'argent. A sa mort, il laissa presque toutes les églises dépendant de l'évêché dans un état qui demandait des réparations urgentes. Aussi, François Du Cluzel de La Chabrerie, président de l'élection, au nom et comme fondé de pouvoirs de Daniel de Francheville, nommé par le roi à l'évêché de Périgueux comme succes-

---

Moulins, avait du talent pour la chaire ; il se forma sous le P. Le Jeune aux exercices de la mission ; il entra dans l'Oratoire en 1679, avec son frère ; il publia en 1674, à Limoges, chez Barbou, in-8°, l'oraison funèbre du P. Le Jeune, qui est écrite avec pureté.

Le P. Pierre Moret, né aussi en Périgord, entra dans l'Oratoire en 1656 ; il enseigna quelque temps les humanités, et mourut à St-Morlaix, en 1712.

※

seur de Le Boux, par acte du 5 octobre 1693, s'opposa t-il énergiquement à la main-levée sur les biens de l'évêché, avec défenses formelles à tous débiteurs, fermiers et tenanciers de payer, jusqu'à ce qu'il en fût autrement ordonné par la justice (1).

Il faut bien le reconnaître, Le Boux n'apporta pas toujours dans son gouvernement toute la prudence et la modération qui conviennent à un évêque. Parvenu tout d'un coup des derniers rangs du peuple au premier rang des orateurs et aux dignités de l'Eglise, enorgueilli sans doute par une telle fortune, il fit respecter son autorité avec trop de rudesse et de hauteur. M. l'abbé Riboulet ne fait qu'une courte allusion aux nombreux procès que Le Boux eut à soutenir durant son long épiscopat. « Mgr Le Boux, dit-il, dans ses diverses réformes, n'avait rencontré jusque-là aucune difficulté. Chacun avait admiré sa sagesse, sa bonté, sa prudence ; chacun avait loué son zèle : tous, dans le clergé, avaient été heureux de seconder leur évêque. Il en fut autrement dès qu'il voulut toucher à des priviléges que le temps, sinon le droit, avait paru consacrer. Les embarras commencèrent, et l'opposition s'accentua d'autant plus vivement, que, de part et d'autre, on croyait lutter pour des principes. » (2)

La lutte de Mgr Le Boux avec son chapitre fut la plus persistante. Elle commença lors de la translation du siége épiscopal de la Cité au Puy-Saint-Front. Deux chanoines y firent opposition : le grand-archidiacre de la Cité, M. François Jay de Beaufort, et le chantre de la même église, Nicolas de La Brousse, ancien abbé de Peyrouse. Ils prétendaient qu'on ne pouvait en conscience abandonner une église qui était en

(1) XIII, page 47.
(2) *Archives de la sénéchaussée et présidial de Périgueux*, aux archives du département de la Dordogne.

très bon état, et qui avait plus de 1,600 ans d'antiquité. Leur opposition ne put aboutir, et, comme le dit notre biographe, « plus heureux que ses prédécesseurs, Mgr Le Boux put donner à Saint-Front la seule gloire qui lui manquât, celle de posséder le siége épiscopal. »

Les chanoines se montraient jaloux de leurs antiques priviléges. L'un d'eux, M. de Mérédieu, publia un mémoire pour soutenir l'indépendance absolue du chapitre : l'évêque protesta ; un arrêt du parlement de Guyenne (juin 1677), lui ayant donné gain de cause, le chapitre ne voulut point se tenir pour battu. Le Boux partit alors pour Paris, afin de se pourvoir devant le conseil privé du roi : il obtint des lettres de cachet contre plusieurs chanoines, qui leur enjoignaient de partir incessamment de Périgueux pour Quimper-Corentin en Bretagne, Saint-Flour en Auvergne, et autres villes du royaume, pour y demeurer jusqu'à nouvel ordre. Ce fut sur les instances du maire de Simon, sieur de Chastillon, que Le Boux retint les lettres de cachet sans les mettre à exécution. (Septembre 1677.)

La paix se rétablit difficilement : on pourrait citer plusieurs faits qui témoignent d'une sourde mésintelligence entre Mgr Le Boux et son clergé. Ainsi, le chanoine de Mérédieu, sieur de Croze, étant venu à mourir, l'évêque délégua M. Moreau, son vicaire général, pour visiter le corps : l'entrée de la maison lui fut refusée. Le Boux, irrité de ce que, contrairement aux ordres du roi, on lui avait fait interdire l'accès du mort, s'adressa à la justice pour faire constater le décès. Le juge-mage, conformément à la requête épiscopale, fut obligé de se transporter au domicile du défunt, quartier du Pont, et dressa son procès-verbal, après avoir vu le corps (1670). (1)

---

(1) *Archives de la sénéchaussée et présidial de Périgueux*, aux archives du département de la Dordogne.

La paroisse de Saint-Front était desservie depuis longtemps par deux vicaires amovibles ou perpétuels. Le Boux crut devoir remédier à cet état de choses : ce fut le sujet de nouvelles contestations avec le syndic du chapitre. Devant ces difficultés, l'évêque s'adressa à Rome et obtint du pape l'autorisation, jusque-là réservée au chapitre, de nommer les vicaires perpétuels ou amovibles (1681).

Mgr Le Boux ne plaida pas seulement contre son chapitre; il fut encore en lutte avec la municipalité de sa ville épiscopale. En janvier 1680, il fit opposition à la vérification ou dénombrement de Périgueux, et, une autre fois, au sujet des visites officielles, il disputa vivement le pas, jusque dans son palais, au maire et aux consuls.

L'évêque porta cette humeur guerroyante et cet amour des procès jusque dans ses domaines seigneuriaux de Château-l'Evêque et d'Agonac. Il poursuivait avec acharnement ceux qui se permettaient de pêcher dans le ruisseau de la Beauronne; en 1676, nous le voyons se plaindre vertement de ce que, contrairement aux ordonnances royales et à la défense qu'il en avait faite, le sieur Dauriac, fils du procureur; Henri Chalup, sieur du Chauzet, et Christophe Robert, habitants de la paroisse d'Eyvirat, chassaient journellement avec chiens et fusils dans sa terre et juridiction d'Agonac : il fit informer contre les téméraires chasseurs.

Ce que l'on pourrait jusqu'à un certain point reprocher à Mgr Le Boux, c'est que, peu fidèle observateur de la résidence, il ne vécut pas assez intimement avec son diocèse pour pouvoir remédier à ses maux en vraie connaissance de cause. L'attrait de la cour s'exerça toujours sur lui, sinon au préjudice des vertus ecclésiastiques, du moins au léger détriment du soin des âmes qui lui étaient confiées. Ses succès oratoires, dont Paris et les grandes villes du royaume étaient souvent le théâtre, semblèrent absorber toutes ses autres facul-

tés (1). Aussi, lorsque le P. Frizon, de Brantôme, lui prodiguait ses louanges, ne pouvait il avoir en vue que le prédicateur ordinaire de Louis XIV : « O Vésunne illustrée par les camps de
» César ! s'écriait-il dans des vers latins admirables. O cité
» propre à la guerre et aux arts de la paix, qui montres
» encore debout, comme un monument éternel de la gloire
» de saint Front, ta vieille tour à demi ruinée, montre-toi fière
» de l'évêque éloquent qui te gouverne avec sa houlette paci-
» fique, et qui, dans sa science divine, t'explique les oracles
» d'en haut. »

La province était assurément très fière d'être spirituellement gouvernée par un des princes de la parole. Mais elle préférait le garder au milieu d'elle et jouir plus souvent des bienfaits de son éloquence. Si elle voyait avec douleur son évêque s'engager dans de constants procès, elle savait bénir la main qui fondait des places gratuites au séminaire pour les pauvres ecclésiastiques et dans le couvent de Notre-Dame pour de pauvres filles et qui contribuait à la création de la Grande Manufacture.

Ce fut au milieu de ces fondations pieuses et chrétiennes que la mort vint surprendre le prélat. Un de ses plus grands chagrins fut de voir à Périgueux, avant de mourir, un de ses neveux, devenu comédien, monter sur le théâtre dans la même ville. Mgr Le Boux fut enlevé à son diocèse à l'âge de 72 ans, le 6 août 1693 : il instituait, par son testament, les pauvres de Périgueux pour ses héritiers universels.

---

(1) M. Fourgeaud-Lagrèze, de Ribérac, possède une lettre autographe de Mgr Le Boux, datée de Périgueux, le 23 octobre 1672, où le prélat se montre très préoccupé de plaire à un haut protecteur, qui lui a procuré l'honneur d'aller prêcher à Versailles. Il craint que ce qui lui a valu l'approbation des provinces ne soit point du goût de la cour. — Le Boux prêcha, en effet, le carême de 1673, au Louvre.

La gloire littéraire de Mgr Le Boux lui a-t-elle survécu? On dit qu'il se plaisait, dans ses derniers temps, à retoucher ses discours : ses manuscrits ayant été en grande partie détruits, le fruit de son travail est perdu pour la postérité. Il est désormais hors de doute que l'on ne saurait plus regarder comme son ouvrage le recueil apocryphe de seize sermons publiés sous son nom, à Rouen, en 1766 (1). Si l'on veut avoir aujourd'hui une idée de son genre et de son talent, il faut aller à la bibliothèque de l'Arsenal de Paris et demander le manuscrit intitulé : *Eloge funèbre d'Anne d'Autriche, espouse de Louis XIIIe, roi de France, prononcé par monseigneur Le Boucqs, evesque d'Acqs et nommé à l'évesché de Mascon, dans la nouvelle église des Bénédictins du Val-de-Grâce, à Paris, 1666*. C'est dans ce discours, le seul qui nous ait été conservé dans toute sa pureté, que l'on peut trouver encore des traces du talent oratoire de Mgr Le Boux. Les quelques extraits que nous en donne M. l'abbé Riboulet font vivement désirer qu'il soit fait une publication complète de cet unique et dernier monument de l'éloquence de cet évêque de Périgueux, l'un des rares prédicateurs du siècle de Louis XIV, qui pût encore se faire écouter avec applaudissements à côté de Bossuet lui-même.

Il nous est resté trois volumes de théologie morale, écrits sous son inspiration, qui témoignent de son zèle pour la science ecclésiastique, et que ses divers successeurs recommandèrent comme très propres à l'instruction des clercs.

De plus, la bibliothèque de Périgueux conserve un manuscrit de lui, intitulé : *Avis pour l'épiscopat, et l'Episcopat*

(1) *Sermons prêchés devant le roi, par M. Le Boux, évêque de Périgueux, ci-devant prêtre de l'Oratoire, dédiés à Mgr de La Roche-Foucault, archevêque de Rouen*, à Rouen, Ve Besongne, 1766, 3 volumes in-18. — L'exemplaire que nous possédons vient des livres de M. Lafon, ancien curé de Celles.

et sa puissance. Ce recueil, daté de 1659, fut composé lorsque Le Boux était encore évêque de Dax : il le porta dans son dernier diocèse et continua d'y faire inscrire de nouvelles formules d'actes ecclésiastiques. A sa mort, ce manuscrit passa à ses successeurs, qui l'augmentèrent de plusieurs autres formules : on en voit de Michel Pierre d'Argouges et de Jean-Chrétien Macheco de Prémeaux (1).

De toute la gloire de Le Boux, il n'est donc malheureusement resté que très peu de choses. L'histoire cependant ne doit point l'oublier. « Né dans la pauvreté, au milieu du siècle le plus aristocratique, dit son biographe, ses mérites lui ouvrirent le chemin des honneurs... Orateur, il sut conquérir les suffrages de la cour la plus littéraire et la plus brillante du monde. Evêque, il rétablit la discipline ecclésiastique, fit fleurir la science parmi les prêtres et travailla sans relâche à relever les ruines de tous genres que la guerre et l'hérésie avaient accumulées dans son diocèse (2). »

Telle est la figure que M. l'abbé Riboulet vient de nous présenter. Elle était digne d'exercer le talent d'un excellent écrivain. On rencontre dans cette étude historique des pages qui sont des tableaux tracés de main de maître et où la poésie vient parfois tempérer la sévérité de l'histoire. Ainsi, après nous avoir parlé de la piété de Mgr Le Boux envers la Sainte-Vierge,

---

(1) M. d'Argouges, abbé de Jouy, fut nommé le 8 janvier 1721 à l'évêché de Périgueux, vacant par la mort de M. Pierre Clément. Le roi donna sur cet évêché une pension de 3,000 livres au chevalier de Lauzières, et une de 1,000 livres à l'abbé d'Epinay. Mgr d'Argouges fut sacré le 3 août, dans l'église des Minimes de la place Royale, à Paris. — Son successeur, Mgr de Prémeaux, sacré évêque de Périgueux le 25 mai 1732, occupa pendant près de 40 ans le siége de St-Front, avec beaucoup d'honneur.

(2) XV, page 62.

l'auteur nous peint en ces termes comment il aimait sa vieille mère, la femme du pauvre pêcheur de Souzai :

« Loin de rougir de la modeste paysanne, il avait pour elle un véritable culte. Son bonheur était de la voir. D'ordinaire, en revenant de la cour, il passait par Souzai. Le petit village, avec ses maisons de pêcheurs et ses barques retenues par un câble sur les flots lents et jaunes du beau fleuve, avait pour lui un charme inexprimable, et jamais il n'était plus heureux que lorsqu'il venait s'agenouiller dans l'église témoin de sa première communion, et s'asseoir à l'humble foyer d'où la pauvreté l'avait un jour contraint de s'exiler (1). »

Plus loin, le biographe nous montre le P. Malebranche, ordonné prêtre par Mgr Le Boux dans son premier diocèse de Dax, venant au château de Montardy, dans notre paroisse de Brassac, visiter son ami le marquis Du Lau d'Allemans, seigneur recommandable par toutes sortes de mérites (2) : c'est dans ce manoir écarté que le grave oratorien se plaît à chercher un bienfaisant repos.

« Volontiers, dit M. l'abbé Riboulet, je me le figure gagnant une allée solitaire où il puisse à l'aise se livrer à la méditation.

(1) XI, page 42.

(2) M. le marquis Armand du Lau nous a dit qu'il possédait des manuscrits de son parent, si vanté par St-Simon, et qu'il en offrirait la primeur à notre Société archéologique. On y trouve un recueil d'avis que le marquis d'Allemans donnait à son fils sur la conduite qu'il devait tenir dans le monde, pages dignes de l'ami de Bossuet, Fénelon et Malebranche. Ces manuscrits ont heureusement échappé à l'incendie qui a détruit en 1871 une partie du château de Montardy et anéanti tant de tableaux, livres et **manuscrits précieux.**

Là, personne ne vient le distraire : il est heureux. C'est en vain qu'autour de lui la nature déroule ses plus gracieux tableaux ; en vain que le soleil donne à la terre ces teintes variées et ces nuances infinies, si bien célébrées par la poésie antique. Il ne voit rien, il ne regarde rien : ses yeux sont fermés. C'est en vain que les oiseaux chantent sur sa tête et que le ruisseau murmure à ses pieds : il reste insensible à toutes ces harmonies. Il n'est pour ainsi dire plus de ce monde ; il est tout entier dans ces *régions heureuses et toutes remplies de beautés intelligibles,* dont il a parlé avec tant d'amour. Quand il descendra de ces hauteurs, sa physionomie s'illuminera, et sa main tracera peut-être une de ces pages qui charmeront la postérité et qui mériteront à leur auteur le beau titre de Platon chrétien (1). »

Voilà assurément de très beaux tableaux, des morceaux supérieurement écrits.

Il est rare que, dans une étude de ce genre, la gravité historique n'ait pas quelque chose à souffrir de cette recherche dans le style. Est-ce à dire que des considérations littéraires ont dû nuire à l'œuvre dont nous avons essayé de rendre compte ? Nous ne le pensons pas : elles rehaussent, au contraire, ici, cette intéressante biographie, et la gloire un peu voilée de Mgr Guillaume Le Boux n'a, selon nous, qu'à y gagner.

Brassac, le 30 juillet 1875.

(1) XIV, page 57.

PIÈCE JUSTIFICATIVE.

Abjuration du calvinisme par les seigneurs de Lisle et de St-Just (16 septembre 1685).

L'acte suivant, que nous transcrivons littéralement, fut passé par le notaire aux faubourgs de Lisle, M° Tremoulines, et se trouve dans les anciennes minutes de notre étude du Grand-Brassac :

« Ce jourdhuy seiziesme jour du mois de septembre mil six cens quatre-vingt-cinq, avant midy, en la ville de Lisle en Périgord, et dans l'esglize paroissielle de St-Martin dud. Lisle, pardev' moy, no^{re} et tabellion royal soubs^{gné} et p^{nts} les tes^s basnommés,

» Ont esté présants et personnell^t constitués :

» Hault et puiss^t seig^r mess^{re} Hector de Pressac, de Lioncel, ch^r seig^r baron dud. Lisle, La Chèze en Xaintonge, et autres places, et Claude du Norrigier, dame desd. lieux, son espouze,

» Et mess^{res} Denis, Hector et d^{elle} Sarrat de Pressac de Lioncel, frères et sœur, fils et fille desd. seig^r et dame, habitant dans leur chasteau de la p^{nte} ville,

» Et mess^{re} Jean de Sescaud, es^{er} seig^r de Bris, habitant au chasteau de St-Just, aud. Périgord,

» Lesquels de leurs bon gré et volonté ont faict abjuration de l'heresie de Calvin, dans laquelle ils estoient nais et avoient vescut jusques à p^{nt}, et ce entre les mains de mess^{re} François de Fayolle, es^r, prestre, docteur en theologie et prieur curé de la paroisse de St-Apre, au diocèze de Périg^x, le tout dans les formes prescrites par l'esglize, lequel leur a donné l'absolution de lad. heresie de Calvin et les a remis dans l'esglize catholique, appostolique et romaine ; et ce par commission expresse de monseig^r l'evesque de Périg^x. Lesquels dits seig^{rs} ont faict leur ditte abjuration dans lad^e esglise ; et lad. du Norrigier, dame dud. lieu, dans sa chambre, couchée sur son lit, à raison de son infirmitté ; et, attendu l'absence de mess^{re} François-Hector de Pressac de Lioncel, ch^r, seig^r marquis desd. lieux, fils ayné desd. seig^{rs} et dame, ils ont promis l'en advertir ou faire advertir incessamment, et l'obliger à leur possible de faire son abjuration de lad. heresie de Calvin.

» Dont et du tout a esté faict acte pour servir que de raison par moy dit no^{re} royal soub^{gné}, en présences de mons^r Me Pierre Demezard, prestre, curé dud. Lisle et y hab^t, et Mr Me Guabriel des Auzières, aussi prestre, curé de l'esglize de St-Silain de la ville de Périg^x et y hab^t et promoteur au presant diocèze, et Mr Me Arnaud Demezard, adv^t en la cour et juge de lad. ville, bourg^x et hab^t de lad. ville de Périg^x, et Me Pierre Gerbaud, procureur d'office de lad. ville, y hab^t, tes^s cognus, qui ont signé avec lesd. seig^{rs} et dame abjurants, cy-dessus nommés et autres assistants.

> » SIGNÉ : *H. de Pressac de Lioncel, Claude du Norrigier, Denis de Presat, Htor de Pressac, Sara de Presac, Jent Dessescaud, P. Mezard, curé de Lisle; Desauzières, curé de St Silain; A. Demezard, p^{nl}; Gerbaud, p^{ut}; Lasenedie de Gerbaud; F. de Fayole, p^r de St-Apre, pour avoir receu les susdites abjuration ; et Tremoulines, no^{re} et tabellion royal hered^{re}.* »

Quelques mois après, Claude du Norrigier, dame de Lisle, mourut, en laissant dans son testament, passé devant le même notaire le 18 novembre suivant, les témoignages de la plus sincère piété : elle ne voulut point tester sans avoir, au préalable, « faict le signe de la croix sur son corps et recommandé son âme à Dieu, le père tout-puissant, à la bien heureuse Vierge Marie, à son bon ange gardien et généralement à toute la cour céleste, les priant vouloir estre ses introcesseurs envers la Divine Majesté. »

Elle fut ensevelie dans l'église paroissiale de Lisle, si pleine de souvenirs historiques et que M. de Labrousse, maire, est en train de faire restaurer.

Périgueux, impr. Dupont et Cⁱᵉ.

159

www.ingramcontent.com/pod-product-compliance
Lightning Source LLC
Chambersburg PA
CBHW060725050426
42451CB00010B/1621